# Écoles du monde

Photos des agences
Bios - Phone
Corbis
Explorer - Hoa-Qui - Jacana
Rapho - Top

Photographes :
Sandrine & Alain Moreno

MILAN
jeunesse

L'école va bientôt commencer. Dans certaines villes d'**INDE**, le ramassage scolaire se fait… sur un seul vélo !

Ça y est, la cloche a sonné et la maîtresse est arrivée. Les petites **VIÊTNAMIENNES** se mettent bien en rang pour entrer en classe.

En **ANGLETERRE**, les élèves doivent porter des uniformes à l'école.
Ainsi, tout le monde est habillé pareil, il n'y a pas de différence.

Avant la classe, les **JAPONAIS** déposent leurs affaires au vestiaire.
Dans ce pays, il faut souvent porter une tenue et un chapeau identique.

En **CHINE**, comme partout dans le monde, les élèves doivent lever la main pour répondre à une question du maître ou de la maîtresse.

Pas de cahier pour ces écoliers SÉNÉGALAIS… Alors, pour apprendre à écrire, ils utilisent tous une ardoise. Et après, on efface !

Ni bureau ni chaise dans cette école d'une région pauvre du **RAJAHSTAN**. Les enfants s'assoient par terre, cahier sur les genoux.

Dans certaines régions du **MALI**, les bureaux et les bancs sont faits de terre et de rochers. Difficile d'écrire sur un si petit bureau…

Youpi, c'est l'heure de la récréation! Mais à quoi jouent ces jeunes
**KENYANNES** ? À la balle au prisonnier ? À chat perché?

Dans cette autre école du **KENYA**, les enfants handicapés étudient avec les enfants valides. Et ils jouent au foot tous ensemble !

Pour les élèves de cette école perchée dans les montagnes en **INDE**, pas question d'enlever les manteaux et les bonnets. Il fait trop froid !

Ici aussi, on fait l'école dehors. Au **NIGER**, cet instituteur touareg écrit avec une craie sur un grand rocher. Quel drôle de tableau !

Ces Indiens du **BRÉSIL** apprennent deux langues : leur langue d'origine, le Guarani, et le Portugais, langue officielle du pays.

Dans cette école en **CORÉE DU SUD**, on étudie les enseignements de Confucius, un grand sage chinois.

Il existe aussi beaucoup d'écoles religieuses dans le monde.
Ici, ces **INDIENS** musulmans font leur prière du matin.

Dans cette école coranique de **LYBIE**, les enfants étudient le livre sacré de la religion musulmane, le Coran.

C'est l'heure du déjeuner pour ces **JAPONAIS**. On range
les cahiers et on mange sur le bureau ! La classe devient alors cantine.

Dans cette cantine en **ALLEMAGNE**, il y a de petites tables, juste à la taille des enfants! Comme ça, ils apprennent à manger tout seuls.

Le déjeuner est fini ? Alors au lit ! Ces **CHINOIS** ont besoin
de se reposer. Ils font la sieste dans un dortoir, bien au chaud…

Et un, et deux, et trois… il faut lever les bras ! En **INDE**, les cours de sport, c'est vraiment important. Après, on se sent si bien !

Sur les hauts plateaux du **LADAKH**, l'instituteur enseigne
la géographie à de jeunes bergers grâce à un globe terrestre.

C'est l'heure de la leçon en ÉTHIOPIE. Comme il a beaucoup d'élèves, ce maître a fait de grands dessins sur le mur de l'école.

Et maintenant, au tableau pour le cours de sciences naturelles !
Cette élève du **NIGER** doit écrire toute la leçon sur la girafe.

En montrant chaque caractère avec une tige de roseau,
cet ÉTHIOPIEN récite son alphabet amharique. A-t-il appris sa leçon ?

Atelier peinture en plein air pour ces écoliers **JAPONAIS** !
Ils doivent essayer de dessiner sur le papier un temple traditionnel.

À l'école, on fait aussi des sorties pédagogiques. Ces élèves admirent les bateaux du roi de **THAÏLANDE**. Et ils notent tout sur leur cahier !

En **FRANCE**, à la récré, il y a plein de jeux pour s'amuser : des vélos, des toboggans et même des pneus. On monte dessus et on roule !

Dans beaucoup de pays, on fait souvent du sport l'après-midi.
Voici une championne **VIÊTNAMIENNE**... de saut à la corde !

Maintenant, c'est piano dans cette école **JAPONAISE**. La maîtresse joue et les petits chantent en suivant la note. Pas toujours facile…

Que fait donc cette écolière **CHINOISE** avec ce drôle de casque et ce micro? Elle apprend à parler une autre langue.

Tous dehors, la cloche a sonné ! Ces petits **AMÉRICAINS** se dépêchent pour retrouver leurs parents et rentrer à la maison.

Parfois, l'école est loin de la maison. Pour ces paysans **BOLIVIENS**, il faut traverser la rivière tous les jours, matin et soir.

Un pensionnat est une école où les élèves restent dormir la nuit. Ici, au **KENYA**, ces filles doivent encore faire la lessive après la classe.

Dans ce pensionnat du **TIBET**, c'est enfin l'heure de se coucher !
Tous les enfants dorment ensemble dans un grand dortoir.

Ce petit **JAPONAIS** habite et va à l'école au Brésil.
Pour faire ses exercices, il peut compter sur l'aide de sa mamie.